Inhalt

W0034762

Einführung

Das vorliegende Büchlein soll dem Leser eine Reihe von Pflanzenarten nahebringen, die sehr oft achtlos als Unkräuter bezeichnet werden und kaum unser Interesse finden. Dabei verdient die Pflanzengesellschaft des Wegrandes dies keineswegs, entwickelt sie sich doch zunehmend zu einer Raritätenflora. Viele interessante Arten, teils naturheilkundlich genutzt, teils Ausgangsformen unserer Kulturpflanzen sind hier beheimatet.

Der Begriff »Wegrand« sollte bei der Suche nach den in diesem Büchlein beschriebenen Pflanzen nicht zu eng gedeutet werden; viele der Arten sind nicht nur direkt am Wegrand zu finden, sondern auch auf Schuttplätzen und Dorfangern, an Bahndämmen, Ackerrändern und ähnlichen Standorten, die allesamt unter dem wissenschaftlichen Begriff »Ruderalflächen« zusammengefaßt werden. Die Botanik klassifiziert damit Lebensräume, die, meist vom Menschen beeinflußt, in Siedlungsnähe zu finden sind. Der Boden ist dort stickstoffreich, warm und trocken und durch menschliche Eingriffe sehr strapaziert (z.B. Betreten, Beackern, Befahren u.ä.), so daß nur bestimmte Arten in diesem Lebensraum zurechtkommen. Doch auch diese können solche Einflüsse nur begrenzt ertragen, weshalb auch hier die Artenvielfalt leider immer weiter abnimmt.

Klee, Hirtentäschelkraut, Gänseblümchen und Klatschmohn kennen meist schon unsere Kinder. Haben Sie aber schon einmal eine Wilde Möhre betrachtet und sich bewußt gemacht, daß es die Stammform unserer Gartenmöhre ist? Wissen Sie, daß das beliebte Gänsebratengewürz, der Beifuß, zu unserer Unkrautflora gehört?

Die Artenauswahl wurde in diesem Bändchen bewußt sehr klein gehalten, so daß dem Anfänger ein überblickbarer Einstieg in das Bestimmen möglich ist. Sicher wird diese erste Artenkenntnis Ansporn sein, sich mit Hilfe weiterführender Literatur im heute noch großen Artenspektrum unserer keineswegs uninteressanten Unkräuter umzuschauen.

**Drei-
punkt-
Buch**

finden
bestimmen
kennen

Pflanzen am Wegrand

Nach Blütenfarben bestimmen

Text: Alfred Handel

Gesamtbearbeitung: Dorothee Eisenreich

BLV Verlagsgesellschaft
München Wien Zürich

CIP-Kurztitelaufnahme der Deutschen Bibliothek

Pflanzen am Wegrand: nach Blütenfarben bestimmen /
Text: Alfred Handel. Gesamtbearb.: Dorothee Eisenreich. –
München; Wien; Zürich: BLV Verlagsgesellschaft, 1985.
  (Drei-Punkt-Buch; 1009)
  ISBN 3-405-12904-4

NE: Handel, Alfred [Mitarb.];
Eisenreich, Dorothee [Bearb.]; GT

In den Texten bedeuten:
♂ = Männchen, männlich; ♀ = Weibchen, weiblich

Bildnachweis:

Bellmann: 52; Eisenbeiss: 20, 36, 48; Eisenreich: 8, 12, 13, 14, 19, 21, 22,
23, 24, 25, 26, 29, 32, 33, 35, 39, 43, 44, 45, 50, 51, 56; König: 41; Pforr: 9,
10, 28, 34, 42, 59, 60; Plucinski: 49; Pott: 46; Reinhard: 2, 15, 17, 37, 47,
54; Schrempp: 11, 53, 55, 57, 58, 61; Schwammberger: 38; Seidl: 40;
Wothe: 16, 18, 27, 30, 31.

Titelbild: Sebastian Seidl
Grafik und Layout: Anton Walter

Drei-Punkt-Buch 1009

© 1985 BLV Verlagsgesellschaft mbH, München

Satz und Druck: Georg Appl, Wemding
Buchbinder: Ludwig Auer, Donauwörth

Printed in Germany · ISBN 3-405-12904-4

Blütenstände

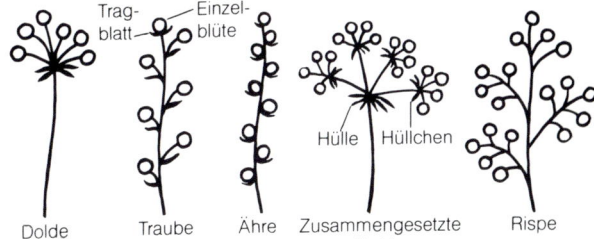

Dolde   Traube   Ähre   Zusammengesetzte Dolde   Rispe

Trag-blatt — Einzel-blüte

Hülle   Hüllchen

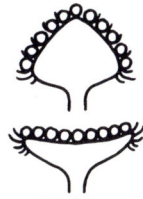

Köpfchen

Blattformen und Blattränder

linealisch

lanzettlich

elliptisch

eiförmig

handförmig gefiedert

paarig gefiedert

unpaarig gefiedert

gelappt

ganzrandig

gesägt

gezähnt

gekerbt

Weiß-Klee

Trifolium repens

In Unkenntnis der großen Vielfalt an Klee-Arten werden fast alle lediglich als Klee bezeichnet, so auch der sehr häufige Weiß-Klee, der von Mai bis Oktober von keinem Weg- oder Wiesenrand wegzudenken ist. Die weißen, kugeligen Blütenköpfchen bestehen aus 2–5 mm langen, gestielten Einzelblüten mit 10nervigen Kelchen. Nach der Blüte werden die Blüten hellbraun und hängen herab. Das Blütenköpfchen erreicht einen Durchmesser von 8–12 mm. Die Blätter setzen sich aus 3 eiförmigen, fein gezähnten Fiederblättchen zusammen. Auffallend sind die trockenhäutigen, rotvioletten Nebenblättchen am kriechenden (lat. Artname!), bis 45 cm langen Stengel.

Weißer Steinklee

Melilotus albus

Nicht nur Wegränder, auch Schuttplätze, Bahndämme und andere typische »Unkraut«-Biotope werden von diesem Schmetterlingsblütler besiedelt. Die 4–5 mm großen, weißen Blüten stehen in 4–6 cm langen Blütentrauben an den Enden der 30–120 cm hohen Stengel. Die gestielten Einzelfiedern der 3zähligen Blätter haben 6–12 Paar Seitennerven und ebenso viele Zähne. Als Frucht entwickelt sich eine bis 5 mm lange, schwarze Hülse mit deutlicher Netznervatur und stumpfem Ende. Wie alle Steinklee-Arten duftet auch der Weiße Steinklee beim Trocknen nach Waldmeister, da sich Cumarin, der Duftstoff des Waldmeisters, bildet. Blütezeit Mai bis August.

Wilde Möhre

Daucus carota

Dieses häufige Doldengewächs ist die Stammform der Gartenmöhre. Die verdickte Wurzel riecht deutlich nach Möhren und kennzeichnend ist die oft in der Doldenmitte sitzende, schwarzpurpurne »Mohrenblüte«. Die Pflanze wird 80 cm hoch und blüht von Mai bis August. Am borstig behaarten Stengel sitzen 2- bis 4fach gefiederte Blätter. Die weißblühende Dolde ist flach gewölbt, verändert ihre Form allerdings im Reifezustand; sie bildet dann eine nestartige Mulde, da sich die Doldenstrahlen zum Zentrum krümmen. Fiederteilige Hüllblätter umgeben die Dolde, die Hüllchenblätter sind einfach linealisch. Die Art wird als Heilpflanze angebaut.

Pfeilkresse

Cardaria draba

Der Name dieser Pflanze leitet sich von den oberen Stengel-
blättern ab, die mit ihrem pfeilförmigen Grund den Stengel
umfassen. Im Gegensatz dazu sind die grundständigen Blätter
dieses Kreuzblütlers länglich-eiförmig und buchtig gezähnt.
Die Pflanze wird 20–60 cm hoch; am Oberende der Stengel sitzen blütenreiche, rispige Blütenstände mit 5–6 mm großen,
weißen Einzelblüten, die von Mai bis Juli erscheinen. Als
Früchte entwickeln sich herzförmige Schötchen an langen
dünnen Stielen. Die Pflanze bevorzugt wärmere Gebiete und
kommt zerstreut auch auf Feldern, Schuttplätzen und an
Böschungen vor.

11

Hirtentäschelkraut

Capsella bursa-pastoris

Schon bei Kindern sind die Früchte – herzförmige, kleine Schötchen – dieser weltweit verbreiteten Pflanze sehr bekannt. Sie stehen an dünnen Stielchen, meist zusammen mit Blüten, am 10–50 cm hohen Stengel. Die 4–5 mm breiten Blüten bilden eine endständige Traube. Die Blütenkronblätter sind länger als der Kelch. Im Stengelverlauf variiert das Aussehen der Blätter: Die rosettigen, buchtig gelappten bis fiederteiligen Grundblätter werden im oberen Stengelbereich von ungeteilten, stengelumfassenden Blättern mit pfeilförmigem Blattgrund abgelöst. Die Pflanze gehört zu den Kreuzblütlern und ist von Februar bis November blühend und fruchtend zu finden.

Acker-Hellerkraut

Thlaspi arvense

Ihren Namen verdankt die Art ihren ringsum geflügelten, bis 15 mm langen Schötchen, die mit ihrem Aussehen an Münzen erinnern. Dabei sind die Flügel an der Oberseite U-förmig eingekerbt. Das Acker-Hellerkraut erreicht eine Sproßhöhe von 10–40 cm; die hellgrünen Grundblätter sind gestielt und verkehrt-eiförmig, die lanzettlichen Stengelblätter hingegen sitzen stiellos am kantigen Sproß. Ihr Blattgrund ist pfeilförmig. Beim Zerreiben der Blätter entsteht Lauchgeruch. In endständigen Trauben erscheinen von April bis Oktober weiße, 4–6 mm breite Blüten. Man findet den Kreuzblütler ziemlich häufig auch auf Schuttplätzen und Äckern.

Knoblauchsrauke

Alliaria petiolata

Der Name dieser wenig beachteten, unscheinbaren Pflanze rührt von dem Knoblauchduft her, den sie beim Zerreiben verströmt. Ihr kantiger, im unteren Bereich behaarter Stengel wird 20–100 cm hoch; die Grundblätter sind gestielt, herzförmig mit kerbig gesägtem Rand, die kurzgestielten Blätter im oberen Stengelbereich sind hingegen dreieckig und unregelmäßig gezähnt. Von Mai bis Juli findet man die endständige Blütentraube dieses Kreuzblütlers, die von 6 mm langen, weißen Blüten gebildet wird. Aus ihnen entwickeln sich 3–7 cm lange Schoten, die an abstehenden Stielen sitzen. Die Knoblauchsrauke ist in fast allen Unkrautfluren anzutreffen.

Hederich

Raphanus raphanistrum

Besonders häufig findet man den Hederich an Wegen, die unmittelbar an Getreidefeldern vorbeiführen. Seine 20–30 mm breiten, weißen oder auch gelben Blüten erscheinen von Mai bis September. Meist sind im Blütenstand auch reifende Schoten zu finden, die – perlschnurartig gegliedert – 10 cm lang werden und in ein schnabelförmiges, samenloses Endstück auslaufen. Die gestielten Blätter sind im oberen Bereich des 20–60 cm hohen Stengels ungeteilt und unregelmäßig gezähnt, unten stehende Blätter sind fiederlappig bis fiederteilig. Verschiedene nah verwandte Varietäten dieses Kreuzblütlers werden in unseren Gärten als Rettiche oder Radieschen kultiviert.

Vogelmiere

Stellaria media

Diese Pflanze bildet mit ihren niederliegenden Stengeln meist kleinere Rasen. Die Sprosse sind im Querschnitt rund, einreihig behaart und erreichen eine Länge von 2–40 cm. Die eiförmigen, spitzen Blätter sind im unteren Stengelbereich gestielt, die oberen sitzen dem Stengel an. Die weißen Blüten (7–8 mm) dieses Nelkengewächses sind durch tief 2teilige Kronblätter gekennzeichnet, die die Kelchblätter nicht oder nur knapp überragen. 3–10 Staubblätter mit violetten Staubbeuteln stehen im Zentrum der von März bis Oktober erscheinenden Blüten. Als Frucht wird eine Kapsel ausgebildet, die den Kelch nur knapp überragt. Die Pflanze ist bei uns sehr häufig.

Weiße Lichtnelke

Silene alba

Die Blüten dieser kräftigen, bis 1 m hohen Pflanze öffnen sich erst am Nachmittag. Aus einer 15–30 mm langen Kelchröhre, die in einem glockig aufgeblasenen Kelch steckt, entströmt dabei ein schwacher Duft. Die weißen Kronblätter des Nelkengewächses sind tief 2lappig, die Blütenkrone ist 20–30 mm breit. Auf ♂ und ♀ Pflanzen entwickeln sich jeweils eingeschlechtliche Blüten im lockeren, kurzhaarig-drüsigen Blütenstand. Der aufrechte, mehrfach verzweigte Stengel trägt breitlanzettliche bis eiförmige Blätter, die im unteren Stengelbereich gestielt sind, oben dem Stengel ansitzen. Frucht ist eine 10zähnige, eiförmige Kapsel. Blütezeit Juni bis September.

Kletten-Labkraut

Galium aparine

Wie kleine Kletten bleiben die kugeligen Früchte mit ihren hakigen Borsten an den Kleidern hängen, wenn man sich in das Gestrüpp der klimmenden Triebe dieser Pflanze begibt. Letztere erreichen eine Länge von 2 m und sind mit rückwärts gerichteten Stachelborsten besetzt, mit deren Hilfe ein Festhalten an anderen Pflanzen, Zäunen u. ä. möglich ist. 6–8 linealische, stachelspitze Blätter bilden jeweils in Abständen einen Quirl. Die Blätter sind am Rand und auf der Aderung ebenfalls stachelig behaart. Von Juni bis Oktober entwickeln sich trugdoldige Blütenstände mit unscheinbaren, grünweißen und nur 2 mm breiten Blüten. Die Pflanze gehört zu den Rötegewächsen.

Gemeine Zaunwinde

Calystegia sepium

Die bevorzugten Verbreitungsgebiete dieses Windengewächses sind Wegraine an Gewässerufern. Mit seinen 1–3 m langen Stengeln windet es sich an anderen Pflanzen empor. Die 8–15 cm langen Blätter sind tief herzförmig. In den Blattachseln stehen trichterförmige, weiße Blüten, die einen Durchmesser von 7 cm erreichen. Auffallend sind die unten dicht drüsenhaarigen Staubfäden. Der kahle Blütenkelch ist von 2 herzförmigen Vorblättern eingeschlossen, die die Kelchblätter weit überragen. Unterirdische Stengel kriechen sehr weit durch den Erdboden und sorgen für eine beachtliche Ausbreitung der Art. Blütezeit Juni bis September.

Geruchlose Kamille

Matricaria inodora

Im Gegensatz zur nebenan beschriebenen Echten Kamille ist diese Art, wie der Name sagt, geruchlos. Als Heilpflanze hat sie nie die Bedeutung der Echten Kamille erlangt, obwohl auch sie wirksame Inhaltsstoffe besitzt. Der halbkugelige Blütenboden ist markig und mit gelben Röhrenblüten besetzt. Die 12–20 weißen Zungenblüten stehen waagrecht ab. Insgesamt wird der Blütenkopf dieses Korbblütlers 30–40 mm breit. Die 2–3fach fiederteiligen Blätter mit langen, fädigen Abschnitten entspringen einem bis 50 cm hohen Stengel, der sich nur oben verzweigt. Man findet die häufige Art blühend von Juni bis Oktober auch auf Äckern und Schutthalden.

Echte Kamille

Matricaria chamomilla

Das wichtigste Unterscheidungsmerkmal dieser Art zur nebenan beschriebenen Geruchlosen Kamille ist der innen hohle Blütenboden und der bekannte, aromatische Duft. Ihre allbekannte Bedeutung als Heilpflanze verdankt die Echte Kamille einer Reihe entzündungshemmender und krampfstillender Inhaltsstoffe. Weiße, bald herabhängende Zungenblüten umringen die goldgelben, 5zähnigen Röhrenblüten. Der Durchmesser des Blütenköpfchens beträgt 10–25 mm. Am 15–40 cm hohen Stengel sitzen 2–3fach fiederteilige Blätter mit schmallinealischen Zipfeln. Zur Heilanwendung werden meist die Blüten gesammelt, die von Mai bis Juli erscheinen.

Kriechender Hahnenfuß

Ranunculus repens

In der großen Palette der heimischen Hahnenfußgewächse gehört diese Pflanze zu den häufigeren Arten. Ihr Vorkommen ist allerdings auf feuchtere Böden beschränkt. Die glänzend goldgelben, 20–30 mm breiten Blüten erscheinen von Mai bis September. Sie stehen am Ende von 10–50 cm langen, aufsteigenden Stengeln und sind von aufrechten, den Blütenblättern anliegenden Kelchblättern eingefaßt. An den Knoten des Stengels bilden sich oberirdische, wurzelnde Ausläufer. Die 3zähligen Grundblätter bestehen aus gestielten, 3spaltig gezähnten Fiedern. Die oberen Blätter ähneln den Grundblättern, sind jedoch sitzend. Der Schnabel der Früchte ist kurz und gerade.

Großes Schöllkraut

Chelidonium majus

Wurzelextrakte dieses Mohngewächses waren früher ein häufig verwendetes Heilmittel bei Leber- und Gallenleiden. Der giftige, gelborange Milchsaft bringt angeblich Warzen zum Verschwinden. Man findet das Schöllkraut außer an Wegrändern auch auf Schuttplätzen, auf Mauern und zwischen Hecken. Die von Mai bis September erscheinenden, 10–20 mm breiten, goldgelben Blüten bilden 2–8blütige Dolden. Die 4 Kronblätter fallen sehr schnell ab. Am verzweigten, bis 70 cm hohen Stengel sitzen gefiederte Blätter. Die Fiedern sind lappig gekerbt, an der Unterseite graugrün. Aus den Blüten entwickeln sich 2–5 cm lange Schoten, die meist senkrecht nach oben stehen.

Gänse-Fingerkraut

Potentilla anserina

Rötliche, oberirdische Ausläufer ziehen vom Blätterbüschel der Mutterpflanze in alle Richtungen. Sie wurzeln an den Knoten und dienen somit der Verbreitung dieses Rosengewächses. Bevorzugte Standorte des Gänse-Fingerkrauts sind nährstoffreiche, feuchte Böden. Die bis 25 cm langen Blätter sind unterbrochen vielpaarig gefiedert. Unterseits sind die Einzelfiedern weiß-seidenhaarig, der Blattrand ist tief gesägt. Von Mai bis August entwickeln sich an langen Stielen 20–30 mm breite, gelbe Blüten. Die 5 rundlichen Kronblätter sind doppelt so lang wie der Kelch. In der Naturheilkunde wurde die Pflanze früher des öfteren eingesetzt.

Kriechendes Fingerkraut

Potentilla reptans

Das Kriechende Fingerkraut ist mit dem nebenan beschriebenen Gänse-Fingerkraut nah verwandt und demnach auch in die Familie der Rosengewächse einzuordnen. Der Name leitet sich von dem bei dieser Art bis 1 m langen, kriechenden Stengel ab, der jeweils an den Knoten wurzelt. Die Blätter sind lang gestielt und 5–7fiedrig. Die Fiedern sind fingerförmig angeordnet und am Rand grob gesägt. In den Blattachseln stehen einzelne, 5zählige Blüten, die von Mai bis August erscheinen und goldgelb gefärbt sind. Ihr Durchmesser erreicht 25 mm. Das Kriechende Fingerkraut kommt oft mit dem Gänse-Fingerkraut vergesellschaftet vor.

Kleiner Odermennig

Agrimonia eupatoria

In einer vielblütigen, langgestreckten Traube stehen bei diesem Rosengewächs gelbe Blüten mit charakteristisch behaarten Kelchblättern. Die eiförmigen Kronblätter fallen bald ab. Die verkehrt-eiförmigen Kelchblätter sind dicht beborstet und durch 10 tiefe Furchen gekennzeichnet, die fast bis zum Stielansatz ziehen. Am 30–100 cm hohen, im oberen Bereich spärlich verzweigten Stengel sitzen 10–15 cm lange, unpaarig gefiederte Blätter, die aus länglichen, gezähnten Einzelfiedern bestehen. Die Unterseite der Blätter ist filzig behaart. Die Blüten und die hakig beborsteten Früchte erscheinen bei dieser Pflanze von Juni bis August.

Gewöhnliche Nachtkerze

Oenothera biennis

Die aus Nordamerika eingeschleppte Pflanze gehört in die nach ihr benannte Familie der Nachtkerzengewächse. Am aufrechten und normalerweise unverzweigten, bis 1 m hohen Stengel, bilden gelbe, bis 30 mm breite Blüten einen endständigen, traubigen Blütenstand. Verkehrt-eiförmige, oft 15 cm lange Blätter stehen in einer Grundrosette, die dem Boden dicht anliegt. Die Stengelblätter sind deutlich kleiner und fein gesägt. Die Pflanze blüht von Juni bis August bevorzugt auf sandigen Böden, auch an Gewässerufern und in Steinbrüchen. Als Frucht entwickelt sich eine ca. 3 cm lange, linealische Kapsel mit kahlen Samen und auffallend filziger Behaarung.

Gewöhnlicher Pastinak

Pastinaca sativa

Seit dem Altertum baut man Kulturformen dieser Pflanze ihrer dicken, fleischigen Wurzel wegen als Gemüse an. Die Art gehört zu den Doldengewächsen, wird 40–120 cm hoch und ist recht häufig anzutreffen. Kantig gefurchte Stengel tragen 5–15strahlige, gelbe Blütendolden, die durch das Fehlen von Hüll- und Hüllchenblättern gekennzeichnet sind. Die gelbgrünen Blätter sind einfach gefiedert; jede Einzelfieder ist eiförmig bis lanzettlich, gelappt oder grob gezähnt und erreicht 5 cm Länge. Breit geflügelte, 5–8 mm lange, eiförmige Früchte sorgen für die Verbreitung der Art. Der Pastinak blüht von Juni bis September und kommt in mehreren Varietäten vor.

Zypressen-Wolfsmilch

Euphorbia cyparissias

Innerhalb der Familie der Wolfsmilchgewächse ist die Zypressen-Wolfsmilch eine der verbreitetsten Arten. Vertreter der Gattung *Euphorbia* sind allesamt durch giftigen Milchsaft charakterisiert. Die bei der Zypressen-Wolfsmilch bis 50 cm hohen Stengel tragen schmal-linealische, meist hellgrüne Blätter, die v. a. an nicht blühenden Stengeln sehr dicht stehen. An den Spitzen der 9–15strahligen Scheindolde sitzen Blüten mit auffälligen, 2hörnigen Drüsen, die gelb gefärbt sind. Jeder Einzelblütenstand hat eine hellgelbe Hochblatthülle, die nicht verwachsen ist. Als Frucht entwickelt sich eine feinwarzige Kapsel. Die Blütezeit dieser kalkliebenden Pflanze ist April/Mai.

Acker-Stiefmütterchen

Viola arvensis

Das unscheinbare Pflänzchen erstaunt durch große Variabilität. Nur 5–20 cm hoch, fällt das Veilchengewächs mit seinen 10–15 mm großen Blüten zwischen den anderen Kräutern des Wegrandes oft gar nicht auf. Die gelblichen, meist violett gestreiften Kronblätter sind im Gegensatz zu denen des ebenso häufigen Gewöhnlichen Stiefmütterchen kürzer oder ebenso lang wie die Kelchblätter, niemals länger. Der stark verzweigte, kahle oder schwach behaarte Stengel trägt länglichspatelförmige Blätter. Die Nebenblätter haben ei-lanzettliche bis linealische Endfiedern. Ein Absud blühender Pflanzen (Blütezeit Mai bis Oktober) wird in der Naturheilkunde verwendet.

Weg-Rauke

Sisymbrium officinale

Die gelben Blüten der Weg-Rauke werden nur 3–5 mm breit und fallen deshalb – obwohl sie in einem traubigen Blütenstand stehen – kaum auf. Die Blütentraube ist zum Zeitpunkt der Blüte sehr kurz; sie wächst aber nach dem Verblühen in die Länge. Früchte sind 1–2 cm lange Schoten, die von linealischer Gestalt sind und dem Stengel eng anliegen. Im unteren Bereich des 20–80 cm hohen Stengels sitzen tief fiederteilige Blätter, oben bestehen die Blätter aus einem pfriemlich-linealischen Endzipfel und meist 2 länglichen Seitenlappen. Die Weg-Rauke gehört zu den Kreuzblütlern und blüht von Mai bis September.

Acker-Senf

Sinapis arvensis

Nicht nur an Wegrändern, auch auf Äckern und Brachwiesen sind von Mai bis September die schwefelgelben Blüten dieses Kreuzblütlers häufig zu entdecken. Die Pflanze wird 30–80 cm hoch, Stengel und Blätter sind rauh behaart. Die Blüten werden 8–12 mm breit, die Kelchblätter stehen waagrecht ab. Im unteren Stengelbereich sind die Blätter gestielt, tief fiederteilig und buchtig gezähnt; sie werden 20 cm lang. Die oberen Blätter sind ganzrandig, von lanzettlicher Gestalt und sitzen dem Stengel direkt an. Kennzeichnend ist die Frucht, eine 2–4 cm lange, kahle Schote mit einem 10–15 mm langen Schnabel, die die schwarzen Samen enthält.

Echtes Barbarakraut

Barbaraea vulgaris

In einer dichten, tragblattlosen Blütentraube stehen beim Echten Barbarakraut goldgelbe Blüten. Die 5–7 mm langen Kronblätter überragen die Kelchblätter um das Doppelte. Aus den Blüten entwickeln sich aufrecht-abstehende, 15–25 mm lange, gestielte Schoten. Der kahle, meist hellgrüne Stengel ist mit unterschiedlich gestalteten Blättern besetzt: Die gefiederten Grundblätter sind gestielt, 2–5 längliche, gezähnte Seitenfiedern und eine rundlich-eiförmige Endfieder bilden die Blattspreite. Oben sitzen die Blätter mit geöhrtem Blattgrund dem Stengel direkt an. Sie sind gezähnt und verkehrt-eiförmig. Der Kreuzblütler blüht von Mai bis Juli.

Gemeines Leinkraut

Linaria vulgaris

Der Name der Pflanze leitet sich von dem im Mittelalter üblichen Brauch ab, der Wäschestärke (»Leinenstärke«) einen Absud des Leinkrauts zuzusetzen, um einen damals üblichen Gelbton zu erreichen. Das Leinkraut ist ein Rachenblütler, der blühend von Juni bis September anzutreffen ist. Die schwefelgelben Blüten bilden einen traubigen Blütenstand. Auffallend an den 15–30 mm großen Einzelblüten ist der lange, gerade Sporn und der orangefarbene Schlund. Am 20–60 cm hohen, gewöhnlich unverzweigten Stengel sitzen lineal-lanzettliche, blaugrüne Blätter (3–8 cm). Als Frucht wird eine eiförmige Kapsel mit breit geflügelten Samen ausgebildet.

Kleinblütige Königskerze

Verbascum thapsus

Ihrer Größe wegen (30–200 cm) gehört diese Pflanze zu den bekannteren Arten unserer Flora. Die hellgelben, bis 30 mm breiten Blüten stehen in einem langen, traubigen Blütenstand. Auffallend ist die unterschiedliche Gestalt der Staubgefäße: die 2 unten stehenden sind kahl, die 3 oberen sind wollig behaart. Bis 40 cm lange, ei-längliche Blätter bilden eine Grundrosette; am Stengel laufen die eiförmig-lanzettlichen Blätter bis zum nächst unteren Blatt herab. Blätter und Stengel sind dicht filzig behaart. Die Frucht ist eine Kapsel. Das früher als Heilpflanze verwendete Braunwurzgewächs blüht von Juli bis September. Es kann mit verwandten Arten verwechselt werden.

Rainfarn

Tanacetum vulgare

Die Ähnlichkeit der austreibenden Blätter mit denen der Farne und das Vorkommen der Pflanze an Wegrändern, Rainen und ähnlichen Standorten hat zum Namen dieses Korbblütlers geführt. Am 60–100 cm hohen, zähen Stengel stehen in dichter Folge tief gefiederte, bis 25 cm lange Blätter. Die Blattspreite wird dabei von 16–24 lanzettlichen, am Rand gesägten Fiedern gebildet. In reichblütigen Schirmrispen stehen 7–12 mm große, goldgelbe Blütenkörbchen. Strahlenblüten am Rand des Blütenkörbchens fehlen. Blätter und Blüten duften stark aromatisch. Nach der Blütezeit von Juni bis September bilden sich 1–2 mm lange, 5rippige Früchte.

Huflattich

Tussilago farfara

Die kleinen Gruppen der gelbleuchtenden Blütenköpfe dieses Korbblütlers erscheinen bereits im März bei erster Frühlingssonne. Das 20–30 mm breite Blütenkörbchen ist durch mehrreihig stehende Strahlenblüten gekennzeichnet und von einer Reihe grüner Hüllblätter eingefaßt. Bei bedecktem Himmel schließen sich die Blütenköpfe und geben den Blick frei auf den mit rötlichen Schuppenblättern besetzten Stengel. Nach dem Verblühen neigen sie sich abwärts und erst dann beginnt die Entwicklung der grundständigen, 10–30 cm breiten Blätter. Diese sind rundlich-herzförmig, am Rande schwärzlich gezähnt, unterseits weißfilzig.

Gemeines Greiskraut

Senecio vulgaris

Die Blühperiode dieses Korbblütlers beginnt bereits im Februar und dauert bis November an. Das Gemeine Greiskraut zählt zu unseren häufigsten Ackerunkräutern und ist weltweit verbreitet. Die gelben Blütenköpfe erreichen eine Länge von 10 mm. Auffallendstes Merkmal sind die fehlenden Zungenblüten. 8–12 schwärzliche Außenhüllblätter und 21 grüne, spitz zulaufende Hüllblätter umschließen das Köpfchen. Die Blüten bilden einen rispigen Blütenstand am Ende des bis 50 cm hohen Stengels. Buchtig gelappte bis fiederteilige Blätter sitzen diesem an. Sie sind gezähnt, im oberen Stengelbereich deutlich geöhrt. Die Früchte (2 mm) sind flaumig behaart.

Kohl-Gänsedistel

Sonchus oleraceus

Nicht nur an Wegrändern, auch auf Schuttplätzen und Äckern ist die Kohl-Gänsedistel häufig anzutreffen. Sie gehört zu den Korbblütlern und erreicht eine Höhe von 30–100 cm. Ihr Stengel ist ästig und mit weichen, glanzlosen, blaugrünen Blättern besetzt. Diese sind buchtig-fiederschnittig und stachelig gezähnt. Am Blattgrund fallen die zugespitzten, abstehenden Öhrchen auf. Die Blütenköpfe werden 25 mm lang und bestehen nur aus Zungenblüten. Die Blütenhülle ist kahl und macht zwei Drittel der Blütenlänge aus. Blühend findet man die wärmeliebende Pflanze von Juni bis Oktober. Man kann die Pflanze leicht mit verwandten Arten verwechseln.

Klatschmohn

Papaver rhoeas

Die scharlachroten Blüten dieses Mohngewächses bieten, wenn sie in größerer Anzahl am Wegrand blühen, einen reizenden Anblick. Sie stehen am Ende eines aufrechten, spärlich verzweigten und behaarten Stengels, der eine Höhe von 1 m erreichen kann. Die Kronblätter werden 20–40 mm lang; am Grunde ist oft ein schwarzer Fleck zu finden. Sie umgeben eine Vielzahl dunkelvioletter Staubfäden und den im Zentrum der Blüte stehenden Fruchtknoten mit 8–12strahliger, scheibenförmiger Narbe. Aus ihm entwickelt sich die charakteristische Mohnkapsel. Die behaarten Blätter sind fiederteilig mit tieflappig gezähnten Abschnitten. Blütezeit Mai bis Juli.

Erdrauch

Fumaria officinalis

Wie der nebenan beschriebene Klatschmohn gehört auch der
Erdrauch in die Familie der Mohngewächse, wird aber oftmals
auch einer eigenen Familie, den Erdrauchgewächsen, zuge-
ordnet. Es handelt sich um eine zierliche, aufrecht stehende
Pflanze mit bis 40 cm hohem Stengel, der reich mit doppelt
gefiederten, blaugrünen Blättern besetzt ist. In einer reichblütigen Traube stehen 7–9 mm lange, rosarote Blüten mit rot-
schwarzen Spitzen. Die Kelchblätter erreichen nur ca. ein Drittel der Länge der Blütenkronröhre. Nach der Blüte (V–X)
entwickeln sich nierenförmige, am Scheitel eingedrückte
Früchte, die an aufsteigenden Stielen stehen.

Weg-Malve

Malva neglecta

In den Blattachseln des niederliegenden bis aufrechten und ca. 40 cm langen Stengels stehen die zartrosafarbenen, manchmal fast weißlichen Blüten. Die Kronblätter sind 8–10 mm lang und überragen den Kelch um das 2–3fache. Nach dem Verblühen neigen sich die Blütenstiele nach unten und es entwickeln sich die glatten oder schwachrunzeligen Teilfrüchte. Die Blätter dieses Malvengewächses sind langgestielt, rundlich und handförmig gelappt. Der Blattrand ist deutlich gekerbt, die Blattunterseite behaart. Man findet die Weg-Malve in unseren Breiten sehr häufig, auch auf Schuttplätzen und an Ackerrändern. Blütezeit Juni bis Oktober.

Acker-Winde

Convolvulus arvensis

Die bis ca. 1 m langen, kriechenden und windenden Triebe der Pflanze sind mit pfeil- bis spießförmigen, 3–4 cm langen Blättern besetzt. In den Blattachseln stehen die auffälligen, gestielten rosaroten Blüten. Sie erreichen einen Durchmesser von 30 mm, sind trichterförmig und am Rand nur schwach gelappt. Mehr oder weniger deutlich erkennt man 5 purpurfarbene Streifen. Die Narbe ist 2teilig, der Fruchtknoten und die daraus hervorgehende, kahle Kapsel ist 2fächrig. Am Blütenstiel sitzen 2 fadenförmige Vorblätter. Die Acker-Winde blüht von Juni bis September und gehört der Familie der Windengewächse an. Ein Absud der Pflanze wurde früher als Abführmittel verwendet.

Rote Taubnessel

Lamium purpureum

Die Blüten dieser unangenehm riechenden Pflanze bilden einen pyramidenförmigen Blütenstand und erreichen eine Länge von 15 mm. Sie sind purpurfarben, die Kronblätter überragen den Kelch um das 2fache. In der Kronröhre ist ein deutlicher, querverlaufender Haarring zu erkennen. Die Tragblätter sind dreieckig-eiförmig und am Rande gekerbt. Die Laubblätter hingegen sind rundlich, aber ebenfalls gekerbt. Beide Blattypen sind weich behaart und oft rötlich überlaufen. Der Blütenbau weist eindeutig auf die Zugehörigkeit zur Familie der Lippenblütler hin. Blütezeit März bis November. Allen bei uns heimischen *Lamium*-Arten wird Heilwirkung zugesprochen.

Gefleckte Taubnessel

Lamium maculatum

Im Vergleich zur nebenan beschriebenen Roten Taubnessel ist das gesamte Erscheinungsbild dieser Art größer und kräftiger. Die Gefleckte Taubnessel erreicht eine Höhe von 80 cm, die ebenfalls purpurfarbenen Blüten werden 30 mm lang. Auffallend ist hier die Fleckung der Blütenunterlippe (Name!) und die Aufwärtskrümmung der Kronröhre, in deren Innern ebenfalls ein Haarring zu erkennen ist. Lang gestielte, bis 8 cm lange Blätter sitzen am spärlich behaarten Stengel. Sie sind eiförmig-3eckig, am Rande gezähnt und spitz zulaufend. Man findet den Lippenblütler blühend von April bis September. Halbschattige Standorte wie Gebüsche und Hecken werden bevorzugt.

Acker-Kratzdistel

Cirsium arvense

Mit einer Maximalhöhe von 150 cm gehört dieser Korbblütler zu den mächtigsten »Unkräutern« unserer Flora. Die stark verzweigten Stengel tragen lanzettliche oder elliptische Blätter, die buchtig gezähnt sind und nicht am Stengel herablaufen. Der Blattrand ist stachelig, die Oberfläche glänzt, die Blattunterseite ist graugrün. Zahlreiche violette Blütenkörbchen sitzen an den Zweigenden. Sie werden 15–30 mm lang und sind von enganliegenden, purpurfarbenen und zugespitzten Hüllblättern eingefaßt. Eine spinnwebige Behaarung kennzeichnet die gesamte Korbhülle. Die Früchte sind mit einem 2–3 cm langen federigen Haarkranz versehen. Blütezeit Juni bis September.

Gemeine Kratzdistel

Cirsium vulgare

Die stacheligen Ausläufer der Blattfiedern können bei unachtsamer Berührung beeindruckend stechen und stellen deshalb für die Pflanze einen wirksamen Schutz dar. Im Gegensatz zur nebenan beschriebenen Acker-Kratzdistel laufen die tief fiederteiligen Blätter am Stengel herab. Ihre Unterseite ist weißfilzig. Die 40–80 mm langen und 20–40 mm breiten, violetten Blütenköpfe stehen meist paarweise oder in 3er-Gruppen. Auffallend ist die eiförmige, meist kahle, selten leicht wollhaarige Hülle des Blütenköpfchens. Die Art bevorzugt offene, besonnte Standorte, gehört zu den Korbblütlern und blüht von Juli bis September.

Große Klette

Arctium lappa

Schon bei Kindern sind die mit hakenförmigen Hüllblättern versehenen Blütenköpfchen bekannt, die sich an Kleidern festsetzen und nur schwer zu entfernen sind. Der natürliche Sinn des Klettmechanismus liegt darin, daß die Früchte auf diese Weise von Tieren verbreitet werden. Die kräftige, bis 2 m hohe Pflanze hat herzförmige Grundblätter (40 cm) mit weißfilziger Unterseite und markigen Stielen. In lockeren Doldentrauben stehen 30–40 mm große, violette Blütenköpfe mit den schon genannten hakigen, grünen Hüllblättern. Die gesamte Blütenhülle ist unbehaart. Die Früchte dieses Korbblütlers werden 6–8 mm lang und sind mehrreihig behaart. Blütezeit Juli bis September.

Acker-Rittersporn

Consolida regalis

Seine speziellen Bodenansprüche machen den Acker-Ritter-
sporn regional zu einem häufigen Ackerunkraut, stellenweise
fehlt die Pflanze aber auch vollständig. Die schönen dunkelblauen Blüten mit ihrem charakteristischen, bis 25 mm langen
Sporn, stehen in lockeren Trauben. Letzterer entsteht als Ver-
wachsung zweier innerer Blütenhüllblätter. Die linealischen
Hochblätter sind kürzer als die Blütenstiele. Der ca. 50 cm
hohe Stengel ist meist nur oben verzweigt; schmale, 3zählige
Blätter mit 2–3zählig geteilten Blättchen setzen an ihm an. Die
Pflanze gehört zu den Hahnenfußgewächsen und blüht von
Juli bis September.

Acker-Vergißmeinnicht

Myosotis arvensis

Blätter und Stengel dieses bis 40 cm hohen Rauhblattgewächses sind dicht behaart. Die nur 3–4 mm großen, dunkelblauen Blüten stehen in einem dichten, unbeblätterten Blütenstand. Jede Einzelblüte wird von einem waagrecht abstehenden Stiel getragen und von einem in langen Zipfeln (halbe Kelchlänge) auslaufenden, behaarten Kelch umschlossen. Der Blütenstiel ist doppelt so lang wie der Kelch. Zur Fruchtzeit neigen sich die Kelchzipfel zusammen und umschließen 4 1samige Nüßchen. Die unteren Blätter sind gestielt und oval, im oberen Stengelbereich verschmälern sie sich lanzettlich und sitzen dem Stengel an. Blütezeit Mai bis August.

Gewöhnlicher Natternkopf

Echium vulgare

Wie das nebenan beschriebene Acker-Vergißmeinnicht gehört auch diese Art zu den Rauhblattgewächsen. Dem Familiennamen entsprechend ist die Pflanze steifborstig behaart. Die unteren lanzettlichen Blätter bilden eine Rosette und erreichen eine Länge von 15 cm. Sie sind gestielt, während die oberen kleineren Blätter dem Stengel direkt ansitzen. Im schmal pyramidalen Blütenstand stehen anfangs rötliche Knospen, beim Öffnen der Blüten wandelt sich die Farbe nach Blau. Die 10 bis 20 mm langen Kronblätter überragen den Kelch um das 2–3fache, die Kronmündung ist schief. Ungleich lange Staubblätter reichen über die Blüte hinaus. Blütezeit Mai bis Oktober.

Persischer Ehrenpreis

Veronica persica

Leuchtend blaue Blüten zieren diese bei uns ehemals nicht heimische Pflanze (Name!). Die Blütenkrone wird 8–12 mm breit, auffallend ist die Farbaufhellung der unteren Kronblätter. Ovale Kelchblätter mit spitzen Zipfeln hüllen die Blütenkrone ein; die Blütenstiele sind deutlich länger als der Kelch und entspringen den Blattachseln. Der niederliegende bis aufsteigende Stengel (10–30 cm) ist mit kurzgestielten, 3eckig-eiförmigen Blättern besetzt, deren Rand grob gezähnt ist. Als Frucht wird eine 8–10 mm breite und 4–6 mm lange Kapsel ausgebildet. Die Art gehört zur Familie der Braunwurzgewächse; die Gattung *Veronica* ist sehr artenreich. Blütezeit März bis Oktober.

Feld-Ehrenpreis

Veronica arvensis

Um diese Art eindeutig von anderen Ehrenpreis-Arten zu unterscheiden, muß man sie sehr genau bestimmen. Die hell- bis dunkelblauen, selten weißen Blüten stehen in einer lockeren, armblütigen Traube, die sich vom beblätterten Stengel meist deutlich absetzt. Die Blütenkronen erreichen einen Durchmesser von 2–3,5 mm. Die eiförmigen Stengelblätter sind am Grund abgerundet und zerstreut behaart, der Blattrand ist kerbig gesägt. An aufrecht abstehenden Stielen (halbe Kelchlänge) entwickeln sich herzförmige, tief ausgerandete Kapseln. Man findet das Braunwurzgewächs blühend von April bis September auch auf Äckern und Schuttplätzen.

Gemeine Wegwarte

Cichorium intybus

Von Juli bis September findet man diesen Korbblütler an den meisten Weg- und Ackerrändern. Interessanterweise sind die dann ausgebildeten und nur aus Zungenblüten bestehenden, 3–4 cm großen Blütenkörbchen nur in den Vormittagsstunden geöffnet. 2reihig stehende, drüsenhaarige Hüllblätter umgeben das Köpfchen. Am sparrig-zähen Stengel (30–150 cm) stehen lanzettliche, ganzrandige bis schwach gezähnte Blätter; die Blätter der Grundrosette sind tief fiederspaltig und unterseits beborstet. Im 19. Jahrhundert wurde die Pflanze ihrer Wurzel wegen kultiviert. Geröstet und gemahlen diente die »Zichorienwurzel« als begehrter Kaffee-Ersatz.

Kornblume

Centaurea cyanus

Das kräftige Blau der Blüten dieses Korbblütlers gibt jedem Wegrand einen hübschen Akzent. Doch leider wird die Pflanze wegen intensiven Einsatzes von »Unkraut«-Vernichtungsmitteln zunehmend seltener. Die 2–3 cm breiten Blütenköpfe an den Enden des reich verzweigten, kantigen Stengels bestehen aus zentralen violetten Scheibenblüten und vergrößerten, zipfeligen Randblüten. Eine eiförmige, 15 mm lange Blütenhülle umschließt das Blütenköpfchen. Die 2–5 mm breiten, lanzettlichen Blätter sitzen dem Stengel an. Stengel und Blattunterseiten sind weißfilzig behaart. Blühend findet man die Kornblume von Juni bis Oktober.

Große Brennessel

Urtica dioica

Obwohl die Brennesseln überall bekannt sind, wissen nur wenige, daß es in unserer Flora verschiedene Arten dieser Pflanzen gibt. So gedeiht neben der hier zu beschreibenden Art auch sehr häufig die Kleine Brennessel *(Urtica urens)*. Von dieser unterscheidet sich die Große Brennessel durch ihre Zweihäusigkeit, d.h. es gibt ♂ und ♀ Pflanzen. Beide Geschlechter bilden rispige Blütenstände, deren Länge die der Blattstiele übertrifft. Der 30–120 cm hohe, kantige Stengel ist ebenso wie die kreuzgegenständig stehenden, grob gesägten Blätter mit Brennhaaren versehen. Nach der Blütezeit (VI–X) entwickeln sich eiförmige Schließfrüchte.

Weißer Gänsefuß

Chenopodium album

Das augenfälligste, aber nicht allein kennzeichnende Merkmal dieser Art gegenüber den vielen anderen Gänsefußgewächsen ist die auffallend weißmehlige Oberfläche der ganzen Pflanze. Pflanzengröße und Blattform sind sehr variabel: Am 20–200 cm hohen Stengel sitzen rautenförmige bis lanzettliche, teils auch 3lappige Blätter mit buchtig oder gelappt gezähnten Rändern. Die pyramidenförmigen Blütenstände stehen end- oder achselständig und sind fast blattlos. Die 5teiligen Blütenhüllen sind ebenfalls deutlich mehlig. Außer an Wegrändern findet man die formenreiche Art auch häufig auf Schuttplätzen. Die Blüten entwickeln sich von Mai bis September.

Vogel-Knöterich

Polygonum aviculare

Nicht nur der Wegrand, auch die ausgetretene Wegfläche und sogar Risse im Straßenpflaster bieten diesem Knöterichgewächs noch ausreichende Lebensbedingungen. Die dunkel gestreiften Stengel sind niederliegend bis aufgerichtet und bei einer Länge von 50 cm meist reich verzweigt. Sie sind mit elliptisch-lanzettlichen, kurz gestielten Blättern besetzt, die 0,5–3 cm lang werden. Der Blattgrund bildet eine stengelumfassende Röhre. In den Blattachseln stehen 1–5 unscheinbare Blüten mit weißlichen oder rosafarbenen, 2–3 mm langen Blütenblättern. Nach der Blütezeit von Mai bis Oktober entwickeln sich 2–3 mm lange, meist glänzende Früchte.

Gewöhnlicher Beifuß

Artemisia vulgaris

Die Pflanze gehört zu den Korbblütlern und wird gerne als Küchengewürz verwendet, in manchen Gegenden ist sie obligatorisch für den Gänsebraten. Am bis 120 cm hohen, reich verzweigten Stengel sitzen fiederteilige Blätter mit lanzettlichen, 3–8 mm breiten Abschnitten. Die Fiedern der oberen Stengelblätter sind tief gesägt. Alle Blätter sind unterseits weißfilzig. In großen und dichten Rispen stehen gelbliche bis rotbraune Blütenkörbchen (3–4 mm lang). Kennzeichnend sind die eiförmigen, filzigen Hüllblätter. Man findet die blühende Pflanze von Juni bis September auch auf Schuttplätzen und an Gewässerufern.

Einjähriges Rispengras

Poa annua

Wie die meisten Gräser ist auch diese zu den Süßgräsern gehörende Art rasenbildend; sie gehört einer sehr artenreichen Gattung an und ist blühend fast das ganze Jahr an unseren Feld- und Wegrändern zu finden. In einer lockeren Rispe mit 2zeilig angeordneten Rispenästen stehen 1–8blütige Ährchen (3 mm lang) mit glatten, zugespitzten Hüllspelzen und grünen Deckspelzen, die auf dem Kiel und am Rand zottig behaart sind. Die untersten Rispenäste tragen 3–10 Ährchen. Die bis 30 cm hohen Büschel bestehen aus flachen, aufsteigenden oder aufrechten Halmen, die sich am Rande leicht rauh anfühlen. Die weißlichen Blatthäutchen sind 2–4 mm lang.

Gemeine Quecke

Agropyron repens

Als Gartenunkraut ist dieses Süßgras ob seiner weitkriechenden Ausläufer sehr gefürchtet und sehr schwer auszurotten. Die aufrechten Halme werden 30–150 cm hoch und sind mit kräftig grünen bis blaugrünen Blättern besetzt. Diese werden 3–8 mm breit, sind an ihrer Oberseite rauh und durch ein stengelumfassendes Öhrchen am Blattgrund gekennzeichnet. In einer 2reihigen Ähre stehen eiförmige, abgeflachte Ährchen, deren Breitseite der Ährchenachse zugewandt ist. Die Ährchen sind 3–8blütig, haben mehrnervige, lanzettliche Hüllspelzen und kurz begrannte Deckspelzen. Letztere haben unterseits eine charakteristische Querfurche. Blütezeit Juni bis August.

Register